LOI

PORTANT RECTIFICATION DE LA LOI DU 29 JUIN 1894

SUR LES

CAISSES DE SECOURS ET DE RETRAITES

DES OUVRIERS MINEURS

(PROMULGUÉE LE 19 DÉCEMBRE 1894)

Exposé des Motifs du projet de loi
Rapport de M. AUDIFFRED, à la Chambre
Rapport de M. CUVINOT, au Sénat
Circulaire du Ministre des Travaux publics

PARIS
IMPRIMERIE ET LIBRAIRIE CENTRALES DES CHEMINS DE FER
IMPRIMERIE CHAIX
SOCIÉTÉ ANONYME AU CAPITAL DE CINQ MILLIONS
Rue Bergère, 20
1894

LOI

PORTANT RECTIFICATION DE LA LOI DU 29 JUIN 1894

SUR LES

CAISSES DE SECOURS ET DE RETRAITES

DES OUVRIERS MINEURS

(PROMULGUÉE LE 19 DÉCEMBRE 1894)

Exposé des Motifs du projet de loi
Rapport de M. AUDIFFRED, à la Chambre
Rapport de M. CUVINOT, au Sénat
Circulaire du Ministre des Travaux publics

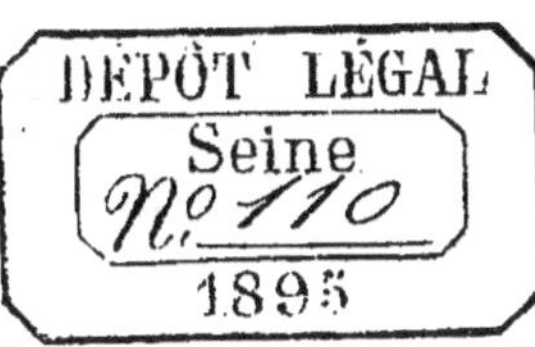

PARIS

IMPRIMERIE ET LIBRAIRIE CENTRALES DES CHEMINS DE FER

IMPRIMERIE CHAIX

SOCIÉTÉ ANONYME AU CAPITAL DE CINQ MILLIONS

Rue Bergère, 20

1894

LOI

PORTANT RECTIFICATION DE LA LOI DU 29 JUIN 1894

SUR LES

CAISSES DE SECOURS ET DE RETRAITES

DES OUVRIERS MINEURS

(PROMULGUÉE LE 19 DÉCEMBRE 1894)

I

EXPOSÉ DES MOTIFS

Présenté par M. BARTHOU, ministre des Travaux publics, à la Chambre des Députés, le 6 novembre 1894

La loi du 29 juin 1894 sur les caisses de secours et de retraites des ouvriers mineurs devrait être complètement appliquée partout au 1ᵉʳ janvier 1895 : les articles 1 et 24 ont, en effet, fixé six mois pour son exécution.

Une expérience de quatre mois établit d'une façon péremptoire que, malgré toutes les diligences de l'Administration, malgré toute la bonne volonté déployée partout, sauf de rares et peu importantes exceptions, par les exploitants et les ouvriers, il est matériellement impossible d'aboutir dans le délai légal. Les intérêts à débattre sont trop considérables, les formalités à remplir trop longues et trop compliquées pour que le travail puisse être terminé en temps utile.

La loi du 29 juin 1894 avait, il est nécessaire de le rappeler, trois objets : 1° constituer dans l'avenir à tous les ouvriers mineurs des retraites sur livret individuel par des versements provenant, par moitié de retenues sur leurs salaires, et par moitié d'allocations de l'exploitant ; 2° établir sur chaque exploitation de mine, pour donner des secours médicaux et pharmaceutiques et des indemnités de chômage en cas de maladie, des Sociétés de secours administrées par des Conseils dont les deux tiers des membres sont élus par les ouvriers ; 3° transformer ou liquider les anciennes institutions de prévoyance existant sur les mines, de manière à maintenir, pour l'avenir, en faveur des intéressés, dans la mesure du possible, les droits acquis ou en cours d'acquisition.

Le premier objet ne doit donner lieu, en principe, à aucune difficulté ; le système des retraites par livret individuel pourra commencer dès que les intéressés le voudront, et pour quelques mines, libres d'engagements dans le passé, ce service s'applique dès le 1ᵉʳ novembre. Mais, pour la presque totalité d'entre elles, les retraites sur livret individuel se lient à la transformation des anciennes institutions, et cette transformation elle-même se rattache à l'établissement des nouvelles Sociétés de secours : tout se tient dans cet ensemble.

L'établissement de ces nouvelles Sociétés exige qu'ouvriers et exploitant se mettent en premier lieu d'accord sur la ou les circonscriptions de secours à créer pour l'exploitation ; à défaut, l'Administration doit statuer par décret. La circonscription définie, soit à l'amiable entre les intéressés, — ce qui jusqu'ici a été le cas partout, — soit d'office, il faut convoquer les électeurs pour élire le premier Conseil d'administration dont la tâche principale est d'élaborer les statuts : ces statuts ne peuvent être appliqués qu'après homologation du Ministre des Travaux publics, donnée sur avis du Conseil général des mines.

On peut estimer de 250 à 300 le nombre des circonscriptions à créer, des statuts à préparer et à approuver. Jusqu'ici, l'Administration, malgré toute l'action exercée sur les intéressés, n'a reçu que trois projets qui viennent d'être communiqués au Conseil général des mines. Tel est, au bout de quatre mois, le résultat obtenu dans les entreprises où aucun incident ne s'est produit, aucune difficulté présentée, où les intéressés se sont mis immédiatement d'accord sur tous les points en déployant une activité exceptionnelle. Mais il y a, au contraire, des départements entiers, et non sans importance au point de vue des mines, où l'on achève à peine de s'entendre sur les circonscriptions et où les électeurs ne sont pas encore convoqués; sur nombre de points, on doit prévoir que la rédaction des statuts soulèvera des discussions assez vives; enfin il eût été désirable que l'Administration ne donnât son approbation qu'après avoir pu rapprocher les uns des autres les divers projets ainsi élaborés sur des mines différentes.

A vouloir trop hâter cette préparation, on risque d'enlever de la maturité aux importantes décisions à prendre; au reste, le tableau que nous venons de présenter montre que, sauf de très rares exceptions, ce ne sera que bien longtemps après le début de l'année 1895 que le travail sera terminé, sans même tenir compte des retardataires. Et cependant, sauf les rares exceptions auxquelles nous avons fait déjà allusion, la loi, sur ce point, — nous sommes heureux de pouvoir l'annoncer, — a été parfaitement accueillie; son application n'a soulevé ni protestation de principe, ni mauvaise volonté de parti-pris; tous, avec des tempéraments divers, se sont occupés de l'appliquer immédiatement et intégralement.

La transformation des anciennes institutions présentait, on le sait, des difficultés particulières, lorsqu'elles constituaient ce que l'on a nommé des *Caisses*, c'est-à-dire des organismes spéciaux dont les ressources provenaient, partie des retenues sur les salaires et partie de versements de l'exploitant; ces difficultés résultaient de ce que ces institutions, qui vivaient d'arrérages, au jour le jour, n'avaient pas de ressources capitalisées pour assurer, soit les pensions en cours d'acquisition, soit même les pensions acquises. Le législateur a laissé aux intéressés le soin de s'entendre pour résoudre au mieux ces difficultés; à défaut d'entente directe, il leur ouvre un recours devant une Commission arbitrale dont la composition minutieusement étudiée assure à tous les garanties de la plus complète impartialité. On s'est ingénié à faciliter des solutions d'équité pour échapper à la solution extrême de la liquidation judiciaire qui, faite, comme elle doit l'être, avec la rigueur du droit ne peut aboutir, dans la majorité des cas, qu'à un désastre lamentable pour les intéressés.

Pour que les décisions des intéressés, en vue, soit d'une entente directe, soit d'un recours à la Commission arbitrale, soient entourées des garanties que leur importance exige, elles doivent être soumises à des formalités dont les principes avaient été posés dans la loi elle-même et dont les détails ont été développés, conformément aux prescriptions de la loi, dans le règlement d'administration publique du 25 juillet 1894.

C'est surtout dans ces matières si graves et si compliquées des retraites qui, après l'accord, souvent difficile, sur les principes, exigent, pour être mûrement appréciées dans leurs conséquences, des calculs longs et laborieux, que l'on ne peut sacrifier la maturité des résolutions au désir de les posséder hâtivement. Il sera aussi impossible que pour les Sociétés de secours contre la maladie d'aboutir dans le délai de six mois; et ici la question du délai légal prend une gravité exceptionnelle. Passé ce délai, en effet, il n'y a plus pour les Caisses que la liquidation judiciaire avec les suites redoutables qu'elle comporte.

On peut admettre approximativement qu'on doit transformer 65 caisses, intéressant environ 85.000 ouvriers. Sur ces 65 caisses, au bout de quatre mois, il n'y en a que 25, comprenant 42.000 ouvriers, où l'on ait achevé, et encore pas complètement pour toutes, les formalités préparatoires à la résolution de principe à prendre. Sur les cinq caisses pour lesquelles le recours à la Commission arbitrale a été admis, il n'y en a que deux dont les dossiers soient parvenus à la Commission. En dehors de ces vingt-cinq caisses, il semble que partout ailleurs on en soit encore aux pourparlers préliminaires entre les intéressés.

Il résulte surabondamment de toutes ces indications que, si le Parlement tient à faire produire à la loi du 29 juin 1894 tous les fruits qu'il en espérait et que les premières expériences permettent d'en attendre, il est indispensable de proroger la période après laquelle devaient être terminées la mise en train de la nouvelle organisation et la liquidation de l'ancien état de choses. Nous pensons, d'après les résultats acquis jusqu'à ce jour, qu'une prorogation de cinq mois pourrait suffire.

L'accorder est le but essentiel du présent projet de loi.

Nous avons cru devoir demander aussi au Parlement, sur un autre point de même ordre, une interprétation de la loi du 29 juin 1894 que seul il peut donner et sans laquelle on risque d'en atténuer les résultats à un point de vue particulièrement important.

L'article 24 décide que la transformation des anciennes caisses ne peut être effectuée à l'amiable, ou que le recours à la Commission arbitrale, à défaut d'entente directe, ne peut être admis que par une décision de la *majorité* des intéressés.

Le règlement d'administration publique du 25 juillet 1894, en fixant la procédure pour l'application de ces règles, ne pouvait faire autrement que d'admettre la nécessité d'une majorité *absolue*, sans possibilité d'une majorité relative quelconque, si forte qu'on la voulût imaginer, même à un second tour de scrutin. En entrant dans cette voie, le règlement aurait dépassé les limites qui lui avaient été fixées par l'article 29. Le législateur seul peut dire avec quelles atténuations doit s'entendre éventuellement la majorité requise pour statuer.

L'expérience a établi une fois de plus, malgré l'empressement relativement grand montré par les électeurs, que lorsqu'il s'agit de faire voter des milliers d'intéressés, comme c'est ici fréquemment le cas, il est excessif et dangereux d'exiger effectivement leur majorité absolue pour consacrer un vote. On frappe à l'avance de stérilité les combinaisons les plus ingénieuses, imaginées pour éviter la liquidation judiciaire, et on accule à cette éventualité regrettable ceux auxquels on voulait l'éviter.

Ainsi, sur les neuf caisses pour lesquelles le recours à la Commission arbitrale a été jusqu'ici rejeté aux termes de la loi actuelle, il y en a quatre où la majorité des ouvriers qui avaient voté ce recours oscille entre 43 et 47 0/0 des inscrits et une où elle est de 33 0/0 ; dans deux autres il y a eu, au contraire, véritablement rejet puisque ceux qui ont admis le recours ne constituent que 10 et 12 0/0 de l'effectif.

Si rigoureux que soit le principe de la majorité absolue, nous maintenons toutefois pour l'entente à l'amiable sur un règlement nouveau : il y a là, en effet, une novation de contrat, à la volonté d'une partie des intéressés, qui se présente dans des conditions assez exceptionnelles en droit strict pour justifier une règle aussi sévère.

Mais il n'en est plus de même pour le recours à la Commission arbitrale, parce que celle-ci représente une sorte de juridiction d'équité qui est de nature à donner des garanties complètes aux intéressés. On conçoit donc que l'on rentre ici dans la pratique habituelle des choses, avec une atténuation de la règle stricte de la majorité absolue. Toutefois, comme il s'agit, en somme, d'une décision fort grave par laquelle la majorité engage indirectement et malgré elle la minorité, on doit exiger une majorité très sérieuse. En adoptant celle du quart des inscrits, reçue généralement pour les élections au premier tour, on fera équitablement la part de toutes choses.

Le texte que nous vous proposons résout simultanément une autre question se rattachant, comme conséquence, au même sujet.

Nous indiquons implicitement, en effet, que, après un premier vote qui n'aurait pas donné de résultats soit sous l'empire de la loi du 29 juin 1894, soit d'après la présente loi, on pourra en provoquer un second qui saisira valablement la Commission arbitrale, si ce second vote satisfait aux conditions de majorité et de délai indiquées dans la loi, et à toutes autres conditions de forme ou de procédure du règlement d'administration publique.

Il ne nous paraît pas nécessaire d'expliquer les dispositions visant la liquidation judiciaire : elles se comprennent d'elles-mêmes.

Tel est, Messieurs, le double objet du projet de loi que nous avons l'honneur de vous soumettre. Réduit à ces termes, nous nous plaisons à croire que vous vous empresserez de le voter dans le plus bref délai ; nous n'avons pas besoin de vous signaler l'urgence d'une solution attendue avec la plus vive impatience par tout le monde minier.

Nous nous serions bien gardés de toucher à une quelconque des dispositions de fond de la loi du 29 juin 1894, et de compromettre le sort de cette loi en rouvrant les discussions auxquelles elle a donné lieu. Il s'agit simplement d'en rendre l'application plus pratique et de permettre en quelque sorte, par la rectification d'une erreur matérielle ou la réparation d'une lacune de texte évidente, de faire produire tous ses résultats à une œuvre particulièrement intéressante et dont il est permis de beaucoup attendre.

Pour atteindre ce but, l'accord immédiat de toutes les bonnes volontés ne peut manquer de s'établir, et c'est avec confiance que nous présentons au Parlement le projet de loi suivant.

RAPPORT

Fait au nom de la Commission d'assurance et de prévoyance sociales,

par M. AUDIFFRED, député,

et déposé le 17 novembre 1894.

Votre Commission d'assurance et de prévoyance sociales est, à l'unanimité, d'avis de proroger de six mois, c'est-à-dire jusqu'au 1er juillet, le délai fixé pour l'application de la loi du 29 juin 1894 sur les Caisses de secours et de retraites des ouvriers mineurs.

Rien n'est changé aux dispositions organiques de cette loi. Mais, pour en mieux assurer l'application, il importe qu'il soit accordé aux intéressés un délai suffisant :

1º Pour régler amiablement, ou par voie de recours à la Commission arbitrale instituée par la loi, toutes les difficultés relatives à la liquidation des pensions dues par les anciennes Caisses de retraites ;

2º Pour fixer au mieux des intérêts des ouvriers l'étendue et les limites des nombreuses circonscriptions des Caisses de secours contre la maladie qu'il est nécessaire de créer.

A vouloir trop hâter la liquidation de ces anciennes Caisses, ce qui conduirait à remplacer la liquidation amiable par une liquidation judiciaire ; à vouloir également hâter la préparation des circonscriptions, on risquerait, comme le fait observer le Gouvernement, d'enlever de la maturité aux importantes décisions à prendre et de compromettre les intérêts qu'on voudrait servir.

La prolongation du délai demandé se justifie donc pleinement.

Sur un autre point relatif aux mesures transitoires, le Gouvernement vous demande encore un changement de nature à faciliter le recours amiable à la Commission arbitrale instituée par la loi du 29 juin 1894.

En cas de désaccord entre les patrons et les ouvriers et employés, pour la liquidation amiable des anciennes Caisses, les intéressés peuvent, avant de recourir à une liquidation judiciaire, faire appel aux lumières d'une Commission arbitrale et se faire représenter dans le sein de cette Commission par un délégué chargé de défendre leurs intérêts.

Mais, pour que ce recours soit valablement décidé, il faut qu'il ait été voté par la majorité absolue des ouvriers et employés. Des ouvriers incomplètement éclairés, indifférents ou négligents, peuvent ainsi faire échouer un arrangement arbitral, et rendre nécessaire une liquidation judiciaire longue, difficile, autant qu'onéreuse pour tous.

Le Gouvernement vous demande d'appliquer à ce mode de vote la loi organique électorale, et de décider que le recours à la Commission arbitrale aura lieu lorsqu'il aura été réclamé par la majorité des électeurs ayant pris part au vote, pourvu que cette majorité représente le quart des électeurs inscrits. Par ce changement, vous rendrez plus facile l'application des mesures transitoires édictées par la loi du 29 juin 1894, et par suite l'exécution même de cette loi.

(La loi a été votée par la Chambre le 22 novembre 1894.)

RAPPORT

Fait au nom de la Commission, par M. CUVINOT, sénateur,

et déposé le 4 décembre 1894.

———

Le 6 novembre dernier, M. le Ministre des Travaux publics a présenté à la Chambre des députés un projet de loi portant rectification de la loi du 29 juin 1894 sur les Caisses de secours et de retraites des ouvriers mineurs. Ce projet, adopté par la Chambre dans sa séance du 22 novembre, après déclaration d'urgence, a été déposé le 26 du même mois sur le bureau du Sénat.

Le Gouvernement vous demande, aujourd'hui, de lui donner votre sanction.

Là loi du 29 juin 1894 fixait au 1er janvier 1895 la date de l'application de la loi. L'Administration a constaté que le délai imparti aux intéressés était insuffisant :

1° Pour régler amiablement, ou par voie de recours à la Commission arbitrale instituée par la loi, toutes les difficultés relatives à la liquidation des anciennes caisses de prévoyance ;

2° Pour fixer les circonscriptions des Sociétés de secours et procéder à la rédaction et à l'examen des statuts de ces Sociétés.

Le Gouvernement avait demandé que le délai primitivement fixé fût prorogé de cinq mois et que la date du 1er janvier 1895, correspondant à la complète application de la loi, fût reportée au 1er juin 1895.

La Chambre des députés a reconnu que cette demande de sursis était complètement justifiée et, sur la proposition de sa Commission, elle a admis comme date définitive le 1ᵉʳ juillet.

Il y a lieu d'espérer que, grâce à ce délai supplémentaire, les formalités longues et complexes qu'exige la loi du 29 juin 1894 pourront être remplies en temps utile.

Nous sommes d'avis d'accepter la date fixée par la Chambre.

Le projet de loi qui vous est soumis comporte une autre modification.

La loi du 29 juin 1894 stipulait à l'article 24 que les ouvriers intéressés seraient appelés à se prononcer à la majorité absolue :

1° Sur la transformation des anciennes caisses ;

2° Sur le recours à la Commission arbitrale.

A défaut de la majorité absolue prescrite par la loi, les intéressés se trouvaient réduits à la solution presque toujours regrettable d'une liquidation judiciaire.

L'exposé des motifs fait observer que, pour la transformation des anciennes caisses, qui implique un accord entre les exploitants et les ouvriers ou employés, on maintient « la nécessité » d'une majorité *absolue*, sans possibilité d'une majorité relative » quelconque si forte qu'on la voulût imaginer, même à un second tour de scrutin. »

Mais, pour le recours à la Commission arbitrale, on a pensé qu'il convenait d'atténuer la règle stricte de la majorité absolue.

L'expérience a montré que, dans bien des cas, une majorité relative importante s'est prononcée pour le recours à la Commission arbitrale, et qu'à défaut du chiffre de voix requis, le recours était écarté. D'où la conséquence que la minorité des votants imposait à la majorité, comme solution dernière, la liquidation judiciaire.

M. le Ministre des Travaux publics estime, et sur ce point encore nous sommes pleinement d'accord avec lui, qu'il est préférable d'adopter pour ce cas la pratique ordinaire des choses et d'exiger seulement la majorité relative au second tour, sous réserve cependant que cette majorité atteindra le quart des inscrits.

En conséquence :

« Après un premier vote qui n'aurait pas donné de résultats,
» soit sous l'empire de la loi du 29 juin 1894, soit d'après la pré-
» sente loi, on pourra en provoquer un second qui saisira vala-
» blement la Commission arbitrale, si ce second vote satisfait
» aux conditions de majorité et de délai indiquées dans la loi, et
» à toutes autres conditions de forme ou de procédure du règle-
» ment d'administration publique. »

Par le changement qui vous est demandé, vous rendrez possibles et facilement réalisables les mesures édictées par la loi du 29 juin 1894.

Nous vous proposons, en conséquence, d'adopter le projet de loi ci-après.

(La loi a été votée par le Sénat le 10 décembre 1894.)

IV

CIRCULAIRE

De M. le Ministre des Travaux publics à MM. les Préfets
et Ingénieurs des Mines
relative à la mise en application de la loi du 19 décembre 1894.

MONSIEUR LE PRÉFET,

1. — Dès la promulgation de la loi du 29 juin 1894 sur les caisses de secours et de retraites des ouvriers mineurs, l'Administration et les intéressés se sont préoccupés d'en assurer promptement l'application. L'expérience n'a pas tardé à montrer que, malgré la bonne volonté dont on a généralement été animé, il était impossible d'aboutir partout avant le 1er janvier 1895, ainsi que la loi l'avait prescrit. Une prorogation de délais s'imposait donc si l'on ne voulait pas perdre, dès le début, les résultats les plus avantageux qu'on pouvait attendre de la législation nouvelle. La loi du 19 décembre, dont vous trouverez ci-joint le texte, a eu essentiellement pour objet de porter cette prorogation jusqu'au 1er juillet 1895.

2. — Cette extension des délais est une faculté; le législateur n'a pas entendu reporter nécessairement, pour tous, à cette date, l'application de la loi. Dans plusieurs mines elle est déjà exécutée au moins pour les retraites. On se conformera à l'esprit de la loi en s'efforçant de mettre partout ses dispositions en pratique le plus promptement possible.

3. — Si l'Administration ne peut intervenir que par voie de conseils auprès des intéressés, dans les dispositions relatives à la transformation des anciennes institutions, elle peut agir efficace-

ment pour presser la constitution des Sociétés de secours; je fais sur ce point un nouvel appel à votre vigilance et je signale tout particulièrement, en dehors des prescriptions de la circulaire du 30 juin (§ 12 à 23), les mesures auxquelles la loi permet éventuellement à l'Administration de recourir pour assurer son exécution.

D'après l'article 9 de la loi du 29 juin 1894, la délimitation des circonscriptions de secours, qui constitue le premier acte de l'application du titre III, est, en principe, laissée à l'appréciation des intéressés. L'Administration ne peut statuer qu'à *défaut d'accord* entre eux; mais, dans ce cas, un décret rendu en Conseil d'État fixe la délimitation de la circonscription et permet de poursuivre les autres opérations qui doivent aboutir finalement au fonctionnement effectif des Sociétés de secours.

Si donc l'invitation que vous auriez adressée à l'exploitant en conformité des instructions du paragraphe 14 de la circulaire du 30 juin restait sans résultats, si les circonstances vous amenaient à reconnaître une volonté arrêtée des uns ou des autres de ne pas appliquer la loi, ou une inertie systématique, l'Administration serait fondée à assimiler ce cas au défaut d'accord prévu à l'article 9 précité, et vous auriez alors, en conformité du paragraphe 16 de la circulaire du 30 juin dernier, à me saisir du dossier de l'affaire, avec le rapport des ingénieurs des mines et votre avis, aux fins ci-dessus indiquées.

La circonscription déterminée, soit par l'accord des intéressés, soit d'office comme il vient d'être dit, les premières élections, dont traite plus spécialement l'article 11 de la loi, ont lieu sur votre convocation; les paragraphes 3 et 9 dudit article, complétés par les instructions de détail du paragraphe 18 de la circulaire du 30 juin, vous donnent les moyens de faire sortir effet à cette convocation, au cas où l'exploitant refuserait de donner le concours auquel la loi l'astreint.

4. — Je vous invite à faire procéder le plus tôt possible à ces premières opérations électorales dans les rares mines où elles

n'ont pas encore eu lieu. La préparation des statuts par le premier conseil et leur examen par l'Administration pourront, en effet, exiger plus de temps qu'on ne le présumait. Il est possible que les statuts soulèvent des questions délicates ; que l'Administration ne soit pas en état de donner immédiatement l'approbation prévue à l'article 14, et qu'elle soit amenée à demander au Conseil d'administration de nouvelles explications et de nouvelles études.

5. — La loi du 19 décembre 1894 a eu un second objet : la définition de la majorité nécessaire pour l'adoption du recours à la Commission arbitrale. D'après le texte de l'article 24 de la loi du 29 juin 1894, cette majorité paraissait être la majorité absolue des inscrits, et c'est dans ce sens qu'avait dû être compris et appliqué le décret du 25 juillet 1894.

L'expérience a montré que, sans infirmer la portée du vote, on pouvait, pour une résolution de cette nature, admettre raisonnablement, au lieu d'une majorité absolue, une majorité relative, assez élevée toutefois pour être encore l'expression d'un nombre suffisant d'intéressés.

Il importe de préciser le sens dans lequel doivent, en pratique, s'entendre les nouvelles dispositions ; il faut pour cela, d'une part, les combiner avec celles de la loi du 29 juin 1894 et même celles du règlement d'administration publique du 25 juillet 1894 ; il faut, d'autre part, distinguer, comme le fait implicitement la loi du 19 décembre, les mines où l'on a déjà accompli toutes les formalités du décret du 25 juillet et où le recours à la Commission arbitrale a été rejeté, et les exploitations dans lesquelles le vote pour ce recours n'a pas eu encore lieu.

6. — Une première question est hors de discussion. Lorsqu'à un premier tour, une majorité absolue des inscrits a saisi la Commission arbitrale, il est évident que celle-ci ne pourrait plus être dessaisie par un vote postérieur ; de même, si à un premier tour une majorité absolue des inscrits s'est prononcée contre ce recours en optant en conséquence pour la liquidation judiciaire,

le vote en ce sens est définitivement acquis. On ne peut pas remettre indéfiniment en question une situation sur laquelle les intéressés se sont prononcés nettement d'une façon catégorique.

7. — Ce premier principe posé, si l'on prend d'abord les mines pour lesquelles on n'a encore provoqué aucun des votes prévus pour l'application de l'article 24 de la loi du 29 juin 1894, il y a lieu, pour les intéressés, de procéder successivement aux opérations édictées par le décret du 25 juillet 1894, sous cette réserve, découlant implicitement de la loi du 19 décembre 1894, que l'on n'aura pas à se préoccuper des délais indiqués audit décret qui ne sont plus compatibles avec l'objet et le texte de la nouvelle loi. Sur le fond, une seule modification est apportée à la procédure du vote pour le recours à la Commission arbitrale, dont traitent les articles 9 et 10. Si, au premier tour, le vote n'a donné aucun résultat, c'est-à-dire s'il n'y a pas eu une majorité absolue des inscrits pour ou contre le recours, un second tour doit avoir lieu, le dimanche suivant ; à ce second tour, le recours sera acquis si la majorité relative dépasse le quart des inscrits.

A raison de la possibilité de ce second tour de scrutin introduite par la loi du 19 décembre, il conviendra que l'avis annonçant les opérations électorales, prescrites par les articles 9 et 10 du décret du 25 juillet 1894, le rappelle explicitement.

8. — Pour les mines qui auraient commencé les opérations prévues au décret du 25 juillet 1894, sans être arrivées à celles des articles 9 et 10, il n'y aurait qu'à procéder à ces dernières opérations dans les conditions indiquées au paragraphe précédent.

9. — Enfin, pour les exploitations où le recours à la Commission arbitrale aurait déjà été rejeté, à la suite de l'application complète desdits articles 9 et 10, sans qu'il y ait eu contre ce recours une majorité absolue des inscrits, comme il a été dit au paragraphe 6 ci-dessus, il y a lieu de procéder à un nouveau vote, mais à un seul, qui se fera dans les formes des articles 9

et 10 du décret ; le recours sera définitivement voté ou rejeté, suivant qu'il sera admis ou non par une majorité de suffrages exprimés dépassant le quart des inscrits.

La loi n'ayant pas d'effet rétroactif, on ne pourrait se prévaloir d'un vote qui aurait eu lieu sous l'empire de la loi du 29 juin 1894, antérieurement à celle du 19 décembre, vote dans lequel le recours à la Commission arbitrale aurait réuni une majorité relative dépassant le quart des inscrits. Ce vote doit être considéré comme n'ayant que la valeur d'un premier tour et il y a lieu, en pareille hypothèse, de procéder à un second tour de vote, comme il est dit à l'article précédent.

10. — Ce ne sera, dans tous les cas, qu'après avoir définitivement voté le recours dans les conditions qui viennent d'être indiquées aux paragraphes 7 à 9 ci-dessus, qu'on procédera à l'application de l'article 11 du décret pour la désignation et l'élection des membres adjoints de la Commission arbitrale, puis à l'application de l'article 14 pour l'envoi du dossier à ladite Commission.

11. — Vous remarquerez que c'est exclusivement dans le cas de mines où le recours à la Commission arbitrale a déjà été rejeté et dont il a été traité au paragraphe 9, que s'appliquent les dispositions de la loi du 19 décembre stipulant l'arrêt des opérations de liquidation.

J'adresse directement ampliation de la présente circulaire aux ingénieurs des Mines.

Vous voudrez bien la faire notifier sans retard à chacun des exploitants de mines de votre département. Je vous en envoie, à cet effet, le nombre nécessaire.

Je vous prie d'ailleurs de vouloir bien m'accuser réception du présent envoi.

Recevez, Monsieur le Préfet, l'assurance de ma considération la plus distinguée.

Le Ministre des Travaux publics,

Louis BARTHOU.

V

LOI

du 19 décembre 1894

Portant rectification de la loi du 29 juin 1894, sur les caisses de secours et de retraites des ouvriers mineurs.

ARTICLE UNIQUE.

Le délai fixé pour l'application de la loi du 29 juin 1894, par ses articles 1 et 24, est prorogé jusqu'au 1er juillet 1895.

La Commission instituée en vertu de l'article 26 de la loi précitée sera valablement saisie lorsque le recours, prévu par l'article 24, paragraphe 2, de ladite loi, aura été voté à la majorité des suffrages exprimés, à un premier ou à un second tour, pourvu que cette majorité soit supérieure au quart des inscrits, et sous la réserve que le vote soit émis avant le jugement homologuant le rapport du liquidateur.

Les opérations pour les votes à émettre en vertu de l'alinéa précédent et pour ceux nécessaires à la désignation des membres adjoints de la Commission arbitrale, seront faites suivant les formes prévues par le décret du 25 juillet 1894, en tout ce qui n'est pas contraire à la présente loi.

Le recours à la Commission arbitrale en vertu de la présente loi arrête et annule toutes opérations de liquidation qui seraient en cours.
